نبذة عن المؤلّف

في هذا العالم المتجدد والمتغير، يرسم الكتاب مساراته الخاصة على خريطة الحروف، في رحلة تحلق بعيداً عن الواقع، هكذا أحمل قلمي وقلبي في يدي، نحو عالم من الكلمات تراقصني، وأفكار تحاكيني.

وفي رحلة الحياة وجدت نفسي أتنقل من دور الطالب والمعلم، إلى مجال القيادة والتحول، محاولة رسم أثرٍ بسيط في ميدان الإنسان وتطويره، يتسلل الحب والشغف في كل سطر، يساعدني على تحفيز الآخرين لاكتشاف ذواتهم والنهوض بأنفسهم.

على مدى العقدين الماضيين، خصصت جهودي للابتكار والتطوير في ميدان التعليم والتكنولوجيا، وأسست في عام

2011 الأكاديمية العربية للتعلم الالكتروني، مساحة افتراضية تتيح للمعلمين العرب فرصة استكشاف عالم البيداغوجيا الحديثة وتطبيقاتها.

ينعكس حبي للكلمات والفنون في كتابي الأول هذا الذي يستعد لرؤية النور قريباً، يحمل هذا الكتاب بين طياته أنغام الشعر وجمال الروحانية، ذهبت مع الكلمات في رحلة عبر عمق المشاعر وغموض الإحساس.

ومن هنا، وبين خيوط القدر ومغامرات الكتابة، أرسم خطواتي نحو بناء وجود ينبض بالحياة والإلهام، رحلة تجذب عقلي وقلبي، حيث يلتقي الإبداع بالتعليم والتكنولوجيا بالروحانية ليخلقوا لي عالماً فريداً من نوعه.

أدعوكم لتشاركوا معي هذه الرحلة الفريدة، حيث تلتقي الأحلام بالحقيقة وترقص الأفكار على أنغام الإبداع. في هذه الصفحات، نلتقي لنتبادل العطاء ونلمس بعضاً من معاني الحب.

الإهـداء

إليها ..

يُقال: إنَّ لا أحد يمرُّ في حياتِنا عبثاً، وإنَّ لكُلّ منَّا دورَهُ الَّذي يؤدّيه في حياةِ مَن يقابلهم، بوعي أو من دونِ وعي، وإنَّ القلوبَ الشُّجاعةَ حقاً ليسَ لها أبوابٌ ولا جدران..

شريفة حجات

مرمر

لا يُكتَبُ الشِعرُكي يُفسَّر

AUSTIN MACAULEY PUBLISHERS™
LONDON • CAMBRIDGE • NEW YORK • SHARJAH

قائمة المحتويات

البداية

اليوم.. إحساسُ قلبي بكِ مُختلفْ

تلاَشى الجَميعُ عندَما وَجدْتُكِ

وأصبحْتِ أنتِ مجموعُ الحُبِّ..

والتعلُّقِ.. والإعجابِ.. والاشتياقْ..

أضحَتْ كُلُّ قصصِ الحُبِّ الَّتي مَررْتُ بها تمهيداً لقصّةِ حُبّي

لكْ..

كُلُّ ما عانيْتُه في حُبِّهنَّ؛ كي لا أكرّرَهُ في حُبِّكِ..

وكُلُّ ما تعلَّمتُه منهنَّ؛ كي أُقدّمَهُ لكْ..

وكُلُّ آلامِ الفراقِ؛ مَررْتُ بها كي تتوقَّفَ عندَ لقائي بكْ..

أنتِ نصفُ روحِي..

وكُلُّ قَلبِي..

وعندَمَا يتَّصلُ شعورُكِ أنتِ بشعوري هذا

سيطغَى حينَها على كُلِّ التشويشاتِ الَّتي تقدِّمُها لكِ الحياةُ..

وستسمَعِين نبضَ قلبي في قلبكِ حينَ يدقْ..

وستدركين أنَّ تمامَ العُشقْ

هو اجتماعُ روحٍ قُسِمَتْ إلى نصفَين عندَ بدءِ الخَلقْ..

اليومُ... إحساسُ قلبي بكِ مُختَلِف؛

لأنّي اليومَ عَلِمتْ

أنَّ كُلَّ ما أريدُهُ لكلينا

هو الحُريَّةُ.. والحُبُّ.

الجمعة 27 نوفمبر 2020

الساعة 12:39 مساءً

دبي جيه بي آر

متناثرات (١)

- الأحدُ.. هو اليَومُ الَّذي يُحدِّثُني فيهِ قلبي..

- اسمُكِ، مِن مُترادِفاتِ الغرور..

- هذه التَّجربةُ ليسَت لك، إنَّما لِتُنْعِشَ فيَّ الَّذي غاب..

- في إِحدَى لحظاتِ الوَجَعِ، قرَّرَ قلبي أن يَصمتَ..

- هذه التَّجربةُ ليسَت لمحضِ الوقوعِ في الألَم.. إنَّما لِتُجْلَى المرآةُ الَّتي أنظرُ فيها إلى نَفْسِي..

- أدينُ لروحِكِ الَّتي تسكنُني بالتئام شملي، وللملمةِ شَتاتي.

- هذهِ التَّجربةُ ليسَتْ للوقوعِ في الألَم، إنَّما لِتَصِلَ جسَدِي الَّذي في الأرضِ، بروحي الَّتي في السَّماء..

- وسأظلُّ أذكرُ الرُّوحَ حتَّى تستيقظَ روحُك..

● تلكَ الشّعلَةُ الَّتي أنارَت لي صَدرِي، لا تجعلْهَا تخبو أبداً

الأحد: 29 نوفمبر 2020

في وقت ما من المساء

دبي مارينا

خاصَمَتْني الكلماتْ

خاصمتني الكلماتُ ثلاثين عاماً

عاقَبَني ملاكُ الشّعرِ؛ لأنّني قرَّرتُ التوقُّفَ

عَن الكتابةِ للحُبْ..

للمَشاعِرْ...

للآلامِ البَاطنةِ في القَلبْ..

وللجروحِ الظّاهِرة في الرّوحْ..

خاصَمَتْني الكلماتُ عندَما جَرَحَني الحُبُّ؛ فغَضِبْتُ

قرَّرْتُ أن أصمتْ..

غَضِبْتُ.. كسَّرْتُ قَلَمِي..

مزَّقْتُ كُرّاسِي..

وطَلَبْتُ مِن الكلماتِ أن تبتَعِدَ.. وتتركَني..

فابتعَدَتْ..

لم أطارِدْهَا..

ولَم أطلبْ مِنها العَوْدَةَ..

عَانَيْتُ في صَمْتٍ..

وعَانَيْتُ مِن صَمْتِي..

ولكنَّني حينَ انكسَرَ قَلبي، وتَهَدَّمَت جدرانُه؛

وجدْتُ كَلمَاتِي.. كانَتْ تَقِفُ هناكَ!

تنتظرُ أن تعبرَ إليَّ مرَّةً أُخرى.

الجمعة: 4 ديسمبر 2020

الساعة 10:52 صباحاً

دبي مارينا

ما أَكْذَبَ الحُبَّ

ما أكذَبَ الحُبَّ!

بل ما أَصْدَقَهُ!

عشتُ عُمراً في تجربةِ أيَّامْ..

كيفَ لهذا القَلبِ بعدَ أن عَرفَ الحُبَّ أن يهدأ؟!

أسمحُ لألَمِي بالوجود

أسمحُ لألمي بالوجودْ

أسمح لنفسي أن أَشعرَ بشدَّتهِ وهو يتغلغلُ فيَّ

أسمحُ لكيانِ الألمِ بأن يَتمشَّى في كياني؛

كي يتسنَّى له مغادرتي والرَّحيلْ..

لنْ أهربَ مِن وجَعِي..

لن أهرب من تلكَ النَّار الَّتي تحرقُ صَدري؛

ففيها اجتمعَتْ كُلُّ آلامِي الماضيةُ..

لا بُدَّ لها مِن التَّأجُّجِ في عِظامِي

ولا بُدَّ لها أن تأخذَ حقَّها في الوجودْ؛

كي تنصهِرَ فيها كُلُّ المخاوِفِ والمحاذير

وتذوبَ من حرارتِها بحيراتُ الجَليدْ..

وتحرقَ ما تيبَّسَ من شُجيراتِ المشاعِرْ..

وعندما لا يبقى شيءٌ تأكلُه؛
تخبو وتسكن النَّارُ فيها..
وتنبثِقُ نوراً يُضيءُ السَّراديبَ المُعتمة في داخلِي؛
فأرَى نفسي..
وألتقِي روحي الَّتي اختبأتْ هناك.

ما كانَت هذهِ الكَلماتُ عبثاً

ما كانَتْ هذهِ الكَلِماتُ عَبَثاً..

ولا كانَت نزوةَ شعورٍ تجتاحُ أفكاري..

مِن أشدِّ درجاتِ البخلِ ألَّا تسمحي لي حتَّى بِحُبِّكْ!

"ومَن يبخل، فإنَّما يبخلُ على نفسِهْ"!

السبت: 5 ديسمبر 2020

الساعة 10:05 صباحاً

دبي مارينا

لقاءُ الرّوح

قلتُ لها: أهلاً ومَرحباً...

أطلْتِ الغيابَ عنّي.. حتَّى أنّي قَد نسيتُ وجودِكْ!

في غيابِكِ نما شوكٌ تمركَزَ في مكانِكْ..

قد أثارَ الشَّوكُ وجَعاً ساكِناً منذُ الطّفولَةْ..

فاعْتَراني الخوفُ والحرمانُ والأحزانُ تارةْ..

وتمَلَّكني خوفُ فقدانٍ وهجرٍ

يسكنان جوارحي دهراً ودارا..

ثمَّ ثارَ الغَضبُ الَّذي قوَّاهُ ضعفِي وانكسارِي؛

فكانَ ناراً تحرقُ الأحشاءَ منّي والإرادةْ..

لكنَّني قلبٌ يحبُّ التَّحدِّي..

وعَقلٌ يقبلُ مَنطِقَ الإدراكْ..

ويعلَمُ أنَّ الحبَّ سرُّ هذا الكونْ..

وجدْتُ سلامَتي.. وسلامَ قلبِي
لمَّا رأيتُكِ يا روحُ بقلبي!
عسَانا ما افترقْنا بعدَ لقانا يوماً..
ولا كُنَّا من دونِ سلامِنا طَرفةَ عينِ.

السبت: 5 ديسمبر 2020
الساعة 10:05 صباحاً
دبي مارينا

أنا في حضرتِكُمْ أكونُ نفسِي

أنا في حضرتكُمْ أكونُ نفسي

وفي قلبِي لكُم حبٌّ كبيرُ..

وفي نفسِي ضياءٌ.. وسلامٌ يُمسي..

يُغلِّفُني.. فضياءً أصيرُ!

أجوبُ فضاءَكُم..

وتسيرُ حولِي كواكبُ..

وأقمارٌ تدورُ..

وعنواني هنا، وهُناكَ أَمضِي

بأيَّامي، وأنا بها أسيرُ..

قد أراكُمْ بوجدانِي وقَلبي..

رؤى عينٍ بأحلامي تزورُ..

بنورِ ضيائكم، وعظيمِ نفسٍ

سـما قلبي وروحي تستنيرُ.

الأربعاء: 16 ديسمبر 2020

الساعة 8:43 مساءً

أبو ظبي

مَرْمَر

ما الحُبُّ يا مَرْمَرْ؟
أَحَلى مِن السُّكَّرْ!
الحُبُّ نبضُ القَلبِ..
والرّوحِ..
بل أكثرْ!
سِرٌّ مِن الأَسرارِ
حتَّى وإن يَظهَرْ..
أَسطورةُ الأَزمَانِ
تفسيرُها مُعسرْ..
يَرمي بِنَفْسِ السَّهْمِ
الغِرَّ والقَيصَرْ..
الحُبُّ يَعرفُهُ
الطِّفلُ والأَكبرْ..

لكنْ، أَيُدرِكُهُ

إلَّا مَن استَبْصَرْ؟!

في الحُبِّ أطفالٌ

تلهو.. ولا تكبَرْ..

الحُبُّ ألوانٌ تزهو بِلا مَصْدَرْ..

الحُبُّ أشجارٌ أغصانُها تُثْمِرْ..

عطرٌ.. نسائمُهُ

المسكُ والعَنْبَرْ..

الحُبُّ يا مَرْمَرْ،

جنَّاتُه تُزْهِرْ..

الحُبُّ يَحملُنا بجناحِهِ الأصغَرْ..

نبضٌ ضعيفُ الصَّوْتِ

دقَّاتُهُ تزأَرْ..

كونٌ بِمُفْرَدِهِ..

وفضاؤه أكبَرْ!

الجمعة: 18 ديسمبر 2020

الساعة 6:16 صباحاً

أبو ظبي

تيشا

تلك العيونُ الحَزينةْ

تلكَ الجِراحُ الدَّفِيْنَةْ

أَغْرَتْها زجاجةُ خَمْرٍ

ففَرَّتْ دموعٌ رَهِيْنَةْ.

السبت: 19 ديسمبر 2020

الساعة 6:40 مساءً

أبو ظبي

اثنتين وخمسون امرأة

لكُلِّ واحِدةٍ منهنَّ قصَّةٌ
ولكُلِّ واحِدةٍ فيها حكايَةٌ..
جاءَتْ تُعَلِّمُني درساً وحِكْمَةٌ..
وصبراً من البدايةِ للنّهايةْ.

الأحد: 20 ديسمبر 2020
الساعة 10:15 مساءً
أبو ظبي

تُحاكِينني بنظراتٍ تُؤجِّج

تُحاكِيني بنظراتٍ تُؤجّجُ
من الأشواقِ ما فوقَ احتمالي..
عيونٌ أَرْبَكَت عَقلي، كأنّي
سَكرتُ بخَمرةٍ، لكِن حلالِ!

الجمعة: 25 ديسمبر 2020

الساعة 8:09 مساءً

أبو ظبي

مُتناثرات (٢)

- الحُبُّ، نصفُ الطَّريقِ إلى النبوَّة.. والنّصفُ الآخرُ هو السَّلام.

- الطَّريقُ إلى الحُبّ يمرُّ بالشَّجاعَةِ والتقبُّلِ، ثمَّ الحكمة.

- لكي تنعمَ بالحُبّ عليكَ أن تَتحلَّى بالشَّجاعَة.

- الحُبُّ هو روحُ الحياةِ.. والله محبَّة!

- الطَّريقُ إلى الحُبِّ يبدأ من الشَّجاعَةِ.. ثمَّ الاستعداد، ثمَّ التقبُّلِ والحِكمة، وليسَ بعدَ الحُبِّ إلَّا البَهجةُ والسَّلام.

- الحُبُّ الَّذي يؤدِّي إلى الغَضَبِ والحزنِ والشعورِ بالدّونيَّة، ليسَ بحُبٍّ.. إنَّما هو صورةٌ مشوَّهةٌ تلقَّتْها النَّفسُ في وقتٍ ما بغيرِ وعي.

- ليسَ بعدَ مَقامِ الحُبّ، إلَّا مقامُ النبوَّة.

- أن تُحِبَّ، هو أن تكونَ شُجاعاً.

- مِن أجلِك، ومن أجلِ كُلِّ شيءٍ أحبُّه، لا بُدَّ أن أعلوَ، وأُعْلِنَ الاستسلامَ لروحي.
- أنا يونسُ، وقد خرجَ من بطنِ الحوتِ.

الجمعة: 6 يناير 2021
الساعة 3:16 صباحاً
أبو ظبي

تعويذةُ سِحْرٍ أَلْقَتْها

تعويذةُ سحرٍ أَلْقَتْها

في عُمقِ حياتي، فانقلَبَتْ..

إعصارٌ مرَّ، ولم يترُكْ

أرضي إلَّا وقَد انشَقَّتْ..

ترنيمةُ ضُرٍّ أصابَتْني..

خيرٌ أنقذني، فانعَكَسَتْ

تعويذةُ سحرٍ، وانفَكَّتْ..

وتلاشَتْ عنّي، واندَثَرَتْ..

والنَّارُ المشتعلةُ فيَّ

انْطَفأَتْ مِن حيثُ استعرَتْ..

وارتدَّ السِّحرُ على السَّاحِرْ!

فتلاشَتْ، وعليهِ انقلَبَتْ.

الثلاثاء: 13 يناير 2021

الساعة 8:56 صباحاً

دبي مارينا

لم أكُنْ لأستيقظَ لولا دخولُكِ إلى حياتِي

لم أكُن لأستيقظَ لولا دخولُكِ إلى حياتي

احْتجتُ إلى ذلكَ التَّواجُدِ العابثْ

إلى ذلكَ الانجذابِ المُحرَّمْ

إلى ذلك التصادُمِ الَّذي ضربَ مَفاهيمِي..

فانقلَبَتْ رأساً على عقبْ..

احتجْتُ لأُحجيّةٍ مِثلكْ

بنفسٍ اختلافِنا الصَّارخ.. وبنفسٍ تشابُهِنا الدَّفينْ..

بنفسٍ صورةِ الماضِي..

بنفسٍ آلامِ المحبّين الَّتي تجعلُهُم يكفرون بالحُبّ..

أنا أرَى آلامَكْ..

وأرَى أحزانَكْ..

أنتِ نفسي منذُ أمَدٍ بَعيدْ..

وأنا نفسُكِ.. رُبَّما في بُعدٍ آخر من هذا الكَونْ..
ولرُبَّما في واقعٍ آخر تبادَلْنا الأدوارَ والاختياراتْ..
قريبةٌ أنتِ من روحِي..
وبعيدةٌ أنتِ عنها؛
فقربُكِ صَعْبٌ..
وبُعْدُكِ حزنٌ..
وتركُكِ ذنْبٌ..
وحُبُّكِ خطيئةٌ.

الأحد: 24 يناير 2021
الساعة 8:12 مساءً
أبو ظبي
مصدر سيتي سنتر.

المَلِكُ السَّجين

لا الوقتُ وقتِي..

ولا الزَّمانُ زمانِي..

وإنَّني المَلِكُ السَّجين!

مَهيبٌ كأنَّهُ عملاقْ..

مَحبوسٌ كأنَّهُ عصفورْ

في قَفَصٍ بابُه مَفتوحْ..

مُعلَّقٌ في فضاءٍ ليسَ لَهُ آخِرْ..

تُزيّنُه النّجومْ..

فوقَ رأسِهِ تاجٌ..

وفي يمينِهِ صَولَجانْ..

وبينَ يديهِ طاولةٌ عليها محبرةٌ وأوراقٌ..

ليكتُبَ قصَّةٌ..

قِصَّةُ المَلِكِ السَّجينْ.

الأحد: 24 يناير 2021

الساعة 8:43 مساءً

أبو ظبي

مصدر سيتي سنتر.

راما

مقامُها الرَّفيعْ

وجمالُ الاستقَامةْ..

عميقةُ العَينينِ..

رائعةُ الابتسامة..

ووجهُها الصَّبوحُ

في حُسْنِه عَلامَةْ..

عريقةُ الأنسَابِ

تَلفُّها كَرامةْ..

مُحبُّها يفوزُ

بالحُبّ والسَّلامَةْ..

عدوُّها يبُوءُ

بالخُسْران والنَّدامَةْ..

كَريمةُ الطِّباعِ

ما عندَها مَلامَةْ..

في قلبِها سَلامٌ..

واسمُها رامَا.

الاثنين: 24 يناير 2021

الساعة 9:20 مساءً

أبو ظبي

صَبَاحُ الخَيرْ

صباحُ الخَيرِ

صباحٌ جميلٌ ذلك الَّذي تُغلّفيني فيه بِحُبّكِ..

وأُغَلّفُكِ فيهِ بتركيزِي..

بحضورِي فيكِ..

ولا أهتمُّ بما قَد يقولُهُ العقلُ حينَها إن أرادَ صرفَ انتباهِيَ

عنكِ..

فكُلّي.. وبَعضِي.. وجُزئي.. وكوْني.. منتبِهون هنا..

وموجودون الآنْ..

يحتسبونَ دقَّةَ قلبِكِ

ويعدّونَ أنفاسَكِ..

فيحيا فيهم وجودُكِ..

وتَحيَا فيهُم حياتكِ..

ويُشرقُ فيهم نورٌ..

هو بعضٌ من صِفَاتِكْ..

أكادُ أُقسِمُ إنّي

لم أحيَا قبلَ هذَا..

وإنَّ حياتِي كانَتْ

سرَاباً في مَتاهَةْ.

الثلاثاء: 25 يناير 2021

الساعة 6:09 صباحاً

أبو ظبي

مَضيْتُ أبحثُ عنْكِ

مضيْتُ أبحثُ عنكِ..

وعنّي تبحَثِين..

وأراكِ بِعَينِ قَلبي..

أراكِ تقتَربِين..

هي نفسُها عيونُكِ..

والفمُّ.. والجَبينْ!

هو نفسُهُ ضياؤُكِ

يشعُّ بالحَنينْ..

والنُّورُ في جَبِينِكِ

وسرّهُ الدَّفينْ

يغزو بِعُمْقِ روحِي..

إليَّ تنظُرِينْ..

أباسمِكِ أُنادِي؟!
أم اسمي تَعرفينْ!
فيا رفيقةَ روحِي،
وقلبيَّ الأمينْ..
كِلانا يبحثُ عنَّا
في اليُسر واليمينْ
كلانا يسكنُ قلبَهْ
رفيقُهُ الأمينْ..
كِلانا تَعلَمُ روحُهْ
بأنَّ لَهُ قَرينْ.

الاثنين: 25 يناير 2021
الساعة 9:16 صباحاً
أبو ظبي

كنْتُ دائماً أُحَاولُ أن أَفْهَم

كنتُ دائماً أُحاولُ أن أفهَم..

وفَهِمْتُ أخيراً:

أنَّ أكبرَ حكمَة في الحَياةْ

أَلَّا تُحاولَ أن تَفْهَمْ..

فَقَط، استسلِمْ لِوجُودِكَ.

الجمعة: 29 يناير 2021

الساعة 10:39 صباحاً

طريق أبو ظبي دبي

وتَركْتُكِ تأْخُذِينَ يَدِي

وتركتُكِ تأخذِينَ يَدِي؛

لعلِّي بِرشُدِكِ أهتدِي..

أخطُو وراءَكِ في الطَّريقِ..

ولا أكونُ بِمُفْرَدِي

إن ابتغيْتُ نصيحَتَكُ..

أنتِ دليلِي ورفْقَتِي.

الجمعة: ٢٩/ يناير/ ٢٠٢١م

السَّاعَة: ١:٤٥م — أبو ظبي.

ألِفُوا التَّكرارَ

ألِفُوا التَّكرارَ وأرَّقَهُم..

كونُكِ لا تتلو التَّكرارَ..

كونُك مُختلِفٌ.. أرعَبهمْ..

نيرانٌ تُشعِلُ أنهارًا..

والعقلُ يصولُ بساحتِهِ

حُراً يتخطَّى أسوارَهْ..

والرّوحُ تجولُ بمفردها..

والقلبُ يُداري أسرارَهْ.

الثلاثاء: 9 فبراير 2021

الساعة 6:32 مساءً

أبو ظبي

صباحُ الخَيْرْ ٢

صباحُ الخَيْرْ

أيَّتُها الفِتنةُ الَّتي تجسَّدَتْ على قَدَمينْ!

أيَّتُها الخَطيئةُ الَّتي تسري في عروقِ العَابدينْ..

فيرفعون أياديهم إلى السَّماءِ جَهراً..

منها مُستعيذِينْ..

ثمَّ يطوفونَ حولَها

كُلَّ ليلةٍ.. راغبينْ!

آملينْ أن تُفتّحَ لهُم أبوابُ الشَّهواتِ سرّاً

فيقفوا فيها للصَّلاةْ..

بينَ ثَنايَا الجَسدِ..

ولهيب الشفاهْ!

مُقبّلين الأيادِي والأقْدَامْ..

راكِعينْ..

خَاشِعينْ..

حتَّى شروقِ الشَّمسِ عاكِفينْ..

ثمَّ يعلنونَ التَّوبةَ في الصَّباحْ..

مُصلِّين.. مُستغفرِينْ..

حتَّى إذا جاءَ المَساءْ

وقفُوا على أبوابِها مُتذَلِّلينْ..

راجِين أن يقعُوا فيها

أشدّ ممَّا كانُوا بالأمسِ واقِعينْ!

صباحُ الخيرْ..

أيَّتُها الخطيئةُ الَّتي تسري في عروقِنا..

يا رسولَ الإلهِ إلينا..

كي نظلَّ بهِ مُستجيرينْ.

الثلاثاء: 16 فبراير 2021

الساعة 9:16 صباحاً

أبو ظبي

في ثَورَةِ غَضَبْ

في ثِوْرةِ غَضَبْ

ستفيقُ بصيرتُكِ الغَافِلةُ

وتتهاوَى حصونُكِ المنيعةُ

الَّتي أسَّسَها الخوفُ والألَم.. وانكِسارُ القَلبْ..

ويضيء نورُ ذاتِكِ ظلمةَ نفسكِ المُتَعَجْرِفَةُ

الَّتي تقفُ بينَكِ وبينَ الفِكاكِ مِن أسْرِها؛

كي تتغذَّى على كيانِكِ

لأطولِ فترةٍ مُمْكِنَةْ..

في ثَورَةِ غَضَبْ..

ستَكْسِرين قُيودَكُ

وتحرقينَ شيطانَكُ..

وتَلعَنينَ وجودَكُ..

وتستغربينَ ردودَ أفعالِكْ!

حينَ تجسَّدَ الحُبُّ شخصاً في حياتِكْ..

وتقدَّمَ نحوَكِ بخُطَى الطَّيِّبينْ..

ومدَّ أياديهِ العَديدةْ:

واحدةٌ تزيحُ سرابَ الأَسرِ عَن وجودِكْ..

والأُخرى تُحيطُ قلبَكِ كَتَميمةٍ للحِمايةْ..

ويدٌ بالشَّغَفِ والأشعارِ وأحاديثِ الوسادةْ..

ويدٌ ملأَى بِسلامٍ من نارِ إبراهيمْ..

وعودٍ مِن عَصا مُوسَى

يُفجِّرُ عيونَ الرِّيِّ مِن ظمإٍ طَويلْ..

في ثَورةِ غَضَبْ

ستُدرِكينَ أنَّكِ قَدَّمْتِها قُرباناً على مِحرابٍ ليسَ مِحرابَكْ..

وأسلْتِ دماءَها مِراراً؛ لِقاءَ أثمانٍ زَهيدةْ!

وكأخوةِ يوسفَ، بكيْتِها أمامَ العَالَمَينْ..

ووجَّهْتِ وجهَكِ نحوَ قِبلةٍ خَاويةْ

ليسَ بها إمامٌ.. ولا مُؤمنينْ..

وكلُّ مَن فيها مِن مُصلِّينْ

بقايا قُلوبٍ مُحطَّمةْ..

كسورُ نفسٍ مُشرذمةْ

يرتِلون صلواتِ الغَضَبِ.. وشتاتَ المشاعِرْ..
في ثَورةِ غَضَبْ
ستختارين بينَ سَرابٍ.. وبينَ حقيقةْ
بينَ ظلامٍ يكتِمُ الأنفاسَ ضيقاً
وبينَ سطوعِ الشَّمسِ الَّذي يُحيّ الخَليقَةْ..
أو قناعٍ مرسومٌ عليهِ ابتسامَةْ؛
يُجمِّلُ أحزاناً أفقدَتْ قلباً سلامَهْ..
ستَختارِين:
أن تكوني جزءاً من أجزاءٍ في حيواتٍ مُتفكِّكةْ..
أو تكوني كُلّاً واحداً مثل إلهٍ عظيمْ!
وستعلمينْ..
أنَّ مَعركةَ اختيارِنا الشَّيء الصَّحيحْ
هي أشرسُ مِن عِراكِ المُصارِعينْ..
وأنَّ الشَّجاعَةَ في قلوبِ رجالٍ ليسوا ذكوراً قاصِرينْ..
وستَفْهَمينْ..
معنى الآن، ومعَنى اللَّحظةْ..
في الفَرقِ بينَ الواعِي والنَّائِمينْ..
فلْتَغْضَبِي... ولْتَغْضَبِي... ولْتَغْضَبِي..
فالغضبُ يُعطِينا الشَّجَاعَةْ؛

لنُحطِّمَ أصناماً صنعناهَا

وسجدْنا لها.. وعبدْناها!

وآمنّا بقوَّتِها علينا..

ونسيْنا أنّا خلقناهَا.

الأربعاء: 18 فبراير 2021

الساعة 3:57 مساءً

أبو ظبي

لُعبة الحَياةِ

في لعبةِ الحياةِ رابحـون وخاسرون..

وفي لُعبتِنا، إن لم نستطِع أن نكونَ كلانا رابحَيْن

فلن يكونَ أحدُنا رابحاً.. والآخر يخسر!

وانتهينا إلى أن نكون كلانا خاسرَين..

عجَباً لهذهِ النَّتيجةِ!

فمَن الرَّابِحُ إذن؟!

الاثنين: 22 فبراير 2021

الساعة 10:53 صباحاً

أبو ظبي

أتآمَرُ على قلبي

أتآمَرُ مَعَكِ على قلبي، كيف نضلّلَهْ؟!

ماذا نقولُ لنُعجِزَ حجَّتَهُ؟ وأنّى نخدِّرُهْ؟!

كيفَ نُريهِ القَتل على يَديّ المَحبوب شجاعةْ؟!

ونُريهِ النَّقصَ كَمالاً..

ونُريهِ الأسرَ قَناعةْ..

ونُلبِسُه ثوبَ المأساةِ كَروَايةٍ رومانسيَّةْ..

ونقولُ: إنَّ ذبحَ القُلوبِ على يديكِ بسالةْ!

ويتآمَرُ عَقْلي عَلى قَلبي كيمَا يُقنعَهْ؛

فيقول: النَّارُ سلامْ..

ويقولُ: الجفو وِئَامْ..

والحَدْسُ بقايا مَخاوفَ مُفزِعَةْ..

ويقولُ: سلِّم للحَقيقةْ؛

داخلُها أضعفُ من جَمادْ!

هي لا تكونُ بغَيرِ حُبّي..

فإلامَ يا قلبُ العِنادْ؟!

ويردُّ قَلبِي صوتَ عقلِي

ويرى تآمرَنا عليهْ..

"أُسْميهِ حَدْساً أو بَصيرةْ..

ما كانَ خوفاً أو عِنادْ..

أنا لا أراها كمَا تراهَا..

لا حبَّ تَعِي.. ولا وِدَادْ!

سلِّم إليها، تَعِشْ كسيراً؛

داخلُها أقسى مِن جَمادْ".

الخميس: 25 فبراير 2021

الساعة 11:54 صباحاً

أبو ظبي

قالَ لي مَلاكُ الحُبّ

قالَ لي ملاكُ الحبِّ:

أيَّتُها المغرورةُ، ماذا تظنّين؟

أَلَا تَرينَ أنَّكِ لعبةٌ في غُرفتِها؟

ألا ترين أنَّها تُمسِكُ بخيوطِكِ وتُحرِّكُها؟

ألا تَرينَ كم تلهيكِ عن كُلِّ ما يهمُّ؟

هي تلهيكِ عن كُلِّ ما يهمُّ.. وأنتِ ضعيفة!

تقولين: إنَّ هناك الحِكمَة..

تقولين: إنَّ هناكَ الرَّحمَة..

وتقولين: إنَّهُ الحُبُّ أو المودَّة!

وتتناسَين أنَّ هناك أيضاً موجاً غادِرْ..

وقلباً يتقلَّبُ مثل مزاجِ الطِّفلِ الثَّائِر..

ورغباتٍ شتَّى مُتفرّقة..

ونَفْساً لا تعرِفُ ماذا تُريد!

وجسداً يسعَى وراءَ المزْيد..

المزيد مِن لا شَيء..

لا المتعةُ تبقَى..

ولا السَّعادَةُ تُلقَى..

وشعورُها هو شعورُ لحظةٍ في خطِّ الزَّمَن..

لا يصلحُ أن تبني عليهِ قصَّة..

ولا يصلحُ أن يكونَ أساساً لتمشي عليهِ خُطْوَة..

وأنت.. بكُلِّ قوَّةِ دهائِك..

وبكُلِّ الشَّغَفِ الساكِنِ في قلبِك..

وبكُلِّ كبريائِك..

وبكُلِّ العقلِ المُتغلْغِلِ في فضاءِ الحِكمَة..

وبكُلِّ القَلبِ السَّاعي دوماً إلى الرِّأفة..

وبقوَّتِك الَّتي تباهين بها المُحارِبين..

هذا يا صغيرةُ، مصدرُ ضعفِك معها!

وهذا مَدخَلُ لعبتِها..

هي تُلهيكِ عَن كُلِّ ما يهمُّ؛

فليسَ الآنَ..

لا الوقتُ وقتُها..

ولا الزَّمانُ زمانُها..

ولا القَلبُ يصلحُ لهُ أن يتعلَّق بها..

وكلٌّ أوانُه قريب

الاثنين: 15 مارس 2021

الساعة 11:49 صباحاً

رأس الخيمة

لَن أقولَ لأحد

لن أقولَ لأَحَدٍ إنّي رأَيْتُ وجهَكِ في مَنامِي..

ورأيتُ شعرَكِ يتلألأُ

تحتَ ضوءِ الشَّمسِ خصلاً مِن ذهَبْ!

وقميصَكِ الأبيضْ..

وعدَداً من كتُبْ..

ورأيتُكِ تُمسكين كِتاباً

تقرئين فيهِ

كأنَّ لا أحدَ حولَكِ في المكانْ!

جالِسَةً على كُرسيّ مِن خَشبْ..

وشجرةً فروعُها خضراءُ

تُلقِي عليكِ بظلٍّ خَفيفْ..

وسمِعْتُ مَلاكاً يُخبرُني بأنَّكِ هيَّ..
وبأنَّكِ الآن هُنا.

الأحد: 9 مايو 2021
27 رمضان
الساعة 12:27 مساءً
أبو ظبي

باكو

وقعتُ في حُبِّ تلكَ الأراضي

وقعتُ في حُبِّ تلك البِلادْ

وقعْتُ في حُبِّ هذي المدينةْ

كأنَّ قلبي إليها يُعَادْ!

وهذي البيوتُ..

وهَذي المَماشِي..

وهَذي الضِّفاف الَّتي كالمِدادْ..

وهَذي الشـواطي..

وهَذي الجبالْ..

وهَذي البرودةُ فـوقَ الجَمادْ..

وتلكَ السَّماءُ..

وتلكَ التِّلالُ..

وتلكَ البحارُ..

وهَذا الجَمالْ..

وهذا التَّاريخُ..

وهَذي الشَّجاعةْ..

ونيرانُ كِسرى الَّتي في الجِبالْ..

وقومٌ قِيامٌ..

وجوهُ الرّضا وجهُ هذي العِبادْ..

وقعْتُ في حُبِّ كُلِّ المكانْ!

بأرضٍ وبحرٍ.. وجوِّ أمانْ..

وقعْتُ في حُبِّ أذربيجانْ.

الاثنين: 19 يوليو 2021

الساعة 10:55 مساءً

المدينة القديمة، باكو

المدينة القديمة

وكأنّي قَدْ وجدتُ جزءاً من نفسي هناكُ

وأعودُ بهِ إلى أرضِ الوطَنْ

يكتمِلُ بهِ شعورِي بالوجودْ..

تَلتَحِمُ به أجزاءٌ مِن روحي كانَت مُتفرِّقَةْ..

اجتَمَعَتْ معاً الآن في لوحَةٍ واحِدَةْ

تُدرِكُ بهِ شيئاً لَم تكُنْ تُدرِكهْ،

وتعلَم بهِ أمراً لَم تكُنْ تعلمهْ..

وترى به نورَ الإلَهِ الَّذي يُعْبَدُ ويُوحَّدُ في أنحاءِ الأرضْ

بأسماء مُختلِفَةْ.. وقصص مُختلِفَةْ..

تستفزُّ الفِكرَ؛ فيخضَع للشّعورِ وللدَّواخِلْ.

الخميس: 22 يوليو 2021

الساعة 5:13 مساءً

الحُبُّ والحزنُ صديقان

الحُبُّ والحزنُ صديقان!

لا أراهُما يفترقانْ..

أَأَعِيْشُ الحُبَّ حُزناً؟!

أم أعيشُ الحُزنَ حُبّاً؟!

أم تُراني صديقةَ الاثنينْ!

أم تُرى قلبي قلوقاً

ليس يشعرُ بالأمانْ!

الاثنين: 26 يوليو 2021

الساعة 8:27 صباحاً

أبو ظبي

سلَّمْتُ لبشريَّتي

سلَّمْتُ لِبشريَّتي..

ورضيتُ بماهيَّتي..

وفكَكْتُ شَيطانِي

من أَسْرِ مثاليَّتي.

الاثنين: 27 أغسطس 2021

الساعة 7:17 صباحاً

أبو ظبي

نادَانِي مِحْرَابُ الهَوى

نادَانِي مِحرابُ الهوى؛

فشَدَدْتُ رَحْلِي..

ووقفتُ عندَ أبوابٍ بها أسلمْتُ أمري..

وأمامَ سلطانِ الهَوى قدَّمْتُ نَفْسِي..

ولأجلِ قربانٍ لها، ضحّيْتُ بقلبِي.

الاثنين: 20 سبتمبر 2021

الساعة 10:07 صباحاً

بالم جميرا، أنانتارا

انتهى الوَقت

انتَهى **الوَقتُ** الَّذي أدفُنُ فيهِ أَلَمي..

وأردمُ عليهِ كومةً مِن مثاليَّةِ المشاعِرْ؛

كيما أُخفِيهِ عَن عُيوني..

تبدَّلَ الوَقتُ..

وتَوقَّفَ الحَدَثُ..

انتهَى استجداءُ فُتاتِ الحُبّ..

وانكَسَرَ قِناعُ الابتسامَةُ..

ورأيتُ قلبي اعتصرتْهُ أيادِي مَن ادَّعُوا الحُبَّ..

ولكنّهم لم يعرفوهُ!

لن تكوني جزءاً مِن عَالَمي

ولن أكونَ جزءاً مِن عَالَمِك بعدَ الآن.

السبت: 30 أكتوبر 2021

الساعة 11:47 صباحاً

أبو ظبي

68

القَصيدةُ المُخيفةُ

(للكلماتِ سَطوةٌ تُجفلُ لها شجاعَةُ القلوبِ)

أنا يا سيّدي أَقْرَرتْ

بأنَّ هواكَ أشقانِي

وأرهَقَنِي

وأرَّقَنِي

وحرَّكَ عُمْقَ أشجانِي..

وهذا العُشْقُ في قلبي

تَزلْزَلُ منهُ أركانِي؛

فأكتمُ من جوى نَفْسِي

لهيباً مثل بُركانِ..

وأُخفي منهُ ما أُخْفِي..

فَيحرقني بنيراني

وتسخرُ أنتَ مِن حُبِّي..

تقولُ: العشقُ أعمَاني!

أنا يا سيّدي، أعْلَنتُ

هزيمةَ كُلِّ وجداني!

وأن هوايَ لَم يكفِ

ليَقنَعَ قلبُكَ الجَاني

تقُول لي: أنتَ، ما أنتَ؟

أنا من فاضَ إحساساً

كبحرٍ دونَ شطآنِ!

أنا المشتاقُ والمجنونُ والحيرانُ والعاني..

أنا أحبْبُت تمثالاً

تلبسُ ثوبَ إنسانِ!

وهبْتُ مَحبَّتي صرفاً

فكافَأَني بهجرانِ..

فسامِحْني على خَطَئِي.

وقُلْ لهوالكَ.. ينساني.

الخميس: 11 نوفمبر 2021

الساعة 12:18 مساءً

أبو ظبي

الشَّيطانُ الَّذي أعرفُهْ

أيُّها الشَّيطانُ الذي أعرفُهْ
وأعلمُ أنَّكَ تطربُ لانتقادِي
وأعلمُ أنَّ وصفَكَ رمزُ عزٍّ
لديكَ، وأنَّ قومَكَ في ازديادِ
أراكَ مُعلِّمِي.. وأراني أشكُرُ
ظروفاً جمَّعَت بينَ التَّضادِّ.

الثلاثاء: 14 ديسمبر 2021
الساعة 3:15 مساءً
أبو ظبي

عينُ حَبيبتِي

وعينُ حبيبتِي كغديرِ روضٍ

تَرقْرَق ماؤه بينَ الشَّواطي..

وقلبُ حبيبتي كمياهِ عينٍ

تَدفَّقُ سلسبيلاً في الصَّحاري.

الثلاثاء: 14 ديسمبر 2021

الساعة 5:08 مساءً

أبو ظبي

اسمَحِي لي بالتجلِّي

اسمحي لي بالتجلّي

اسمحِي لي أن أكون

في يديكِ فكَّ أَسْري..

أو بقائِي كالسَّجينْ..

اسمَحِي لي بالتحرُّرِ؛

من سكوني

من وجودي كالرهينْ

اسمحِي لي بالقيامِ مِن السكونْ

كي أُلاحِقَ ما يريدُ قلبُكِ مِن سعَادةْ..

فإنَّني يا أميرةَ الاحزانِ، جئْتُ لهذهِ الدُّنيا؛

كي تكوني.. وكي أكون..

في يديكِ فكَّ أَسْري..

وفي يديكِ هَدْمُ سِجني..

وفي يَديكِ كُلّ أَمْري..

هذا دَمْعي يَرتَجيكِ..

هذا قلبي يَرتَجِفْ..

هذا نَبضِي يَختلِج..

هذي روحِي.. وهي روحُكِ

تَرتجِي منكِ السَّماحَ بأن تكوني.. وأن تكون!

إلي متي سنظلُّ أسرى؟!

اسمَحي لي أن أكون..

لا إرادةَ لي.. إنَّها إرادتُكِ أنتِ..

إن أرَدْتِ أن أكون،

فلا اختيار لي..

إنَّهُ كُلُّ اختيارِكِ أن أكونَ.. أو لا أكون..

تركيزُكِ على كُلّ الصَّغائِر يَحجبُني مِن أن أكون..

تكاسلُكِ عن كُلّ هامٍّ، يَحرمُني مِن أن أكون..

هل تَشعرين الآنَ بعذابِ السَّجينْ؟

وإنَّهُ المللكُ السَّجينْ!

أنا هو المللكُ السَّجينْ!

قد رأيْتِني في مَنامِك في سَمائي..

قدَّمْتُ لكِ ورقةً لتَكْتُبي..

كانَ هذا من سنينْ..

حرِّريني..

حرِّريني..

حرِّريني كي أكون..

واذكُريني كُلَّ يوم..

كُلَّ سَاعةٌ..

كُلَّ حينْ..

في وجودِي أنتِ أكبرْ..

في غيابِي تصغرينْ!

في وجودِي أنتِ يَقِظَةٌ..

في غيابِي تحلُمِينْ!

في عذابِي أنتِ تعسةٌ..

من أنيني تألمِينْ!

حرِّريني؛

كي تكوني أنتِ حُرَّةٌ!

أنتِ بوتقةُ الجَسَدْ

وأنا الرّوحُ السَّجينْ..

اسمَحِي لي بالتحرُّر

اسمَحِي لي أن أكون..
أنتِ تمثالُ الإرادةْ..
وأنا عنوانُ اليقينْ!
اسمَحِي لي بالتَّجلِّي..
إن أكُنْ.. فستكونين..
في يديكِ فكُّ أَسْرِي
فكُّ سِجْنِي..
اسمَحِي لي بالتجلِّي
اسمَحِي لي أن أكون..
اسمَحِي لي بالتجلِّي في كُلِّ ما تفعلينْ..
في كُلِّ ما تقولينْ..
في كُلِّ ما تُفكّرينْ..
وفي كُلِّ ما تشعرينْ..
لا تَمنعيني من وجودِي
إنَّ حَبسي سيزيدُ أنيناً
سيزيد ضياعاً وعذاباً!
أنا بوصلةُ اتِّجاهِكْ..
أنا هو ما تحلمينْ
وما تُريدين أن تكوني هو عندي

فإن بخلْتِ عليّ، فعلى نفسِك تبخلين!

وإن منعْتِ عنّي كوني..

فمن دوني ستضيعينْ..

وتحلمينْ..

وتبكينْ..

وإن سَمَحْتِ بالتحرُّر

فأنتِ مثلي تتحرَّرينْ

اسْمَحِي لنا أن نكونْ

اسمَحِي لي بالتحرُّر..

اسمَحِي لي أن أكون..

اسمَحِي لي بالتجلِّي

كي أكونَ.. وتسعَدِينْ..

حدّثِيْني عن حَنيني

حدِّثيني عن وجودِي

حدِّثيني عن حياتي..

لا تُبالي بالجُنونْ..

إنَّ عقلي قد رفعَ راياتِه البيضاء

واستسلَمِ لما هو أكبر مِن عقولِ العَالَمِينْ.

الخميس: 6 يناير 2022

الساعة 6:37 صباحاً

أبو ظبي

الصحوة

تتساقطُ الذّكريَّاتُ من عقلي وقلبي

ويُمحَى طيفُها مِن ضوءِ عيني..

فكأنَّها ما كانَت ليالي!

وكأنَّ خيالها حلمٌ بذهني..

مجرَّد لوحةٍ بَهُتَت بريقاً

وسالت ألوانُها لوناً بلونٍ..

وكأنَّها رؤيا زالَت بصُبحٍ

صحوتُ بواقعِي؛ لأعيشَ يومِي.

الأربعاء: 9 مارس 2022
الساعة 2:05 مساءً
أبو ظبي

بدون شروط

أدركتُ أن وجودَ قائمة بنودٍ لا تكفي

ففيها دائماً بندٌ ناقص..

وأن لوحة التحكم

تُقيّدني؛

إذ إنّها توفّرُ لي مِن الحمايةِ أكثر ممَّا أحتاجهُ!

فتصبح المشاعرُ محميَّةً بجدارٍ صُلْب..

وأنا أحتاجُ أن أقفزَ في مُحيطِ الحُبِّ بروحِ المغامرين..

وبقلوبِ الشُّجعانِ!

هذه الطَّاقةُ اللّطيفة

الَّتي تلفُّ وجودِي

وتحملُ قلبي على سحابةٍ سماويَّة بيضاء..

وُتسافِر بي عبرَ أكوانٍ أمرُّ بها للمرَّة الأُولَى..

أتنفَّسُ فيها ما يشبِهُ الـهواءَ في أرضِنا؛

فيبتهج قلبي بنِشْوَةِ العُشقِ..

ويتنفَّسُ حُبّاً يشفيهِ..

فكأنَّهُ لم يشقَ أبداً!

وكأنَّهُ لم يَنكسِر ألفَ ألفَ مرَّة..

ولم يتناثَر ألفَ ألفَ قطعة في كُلِّ مرَّة!

لعلَّ قلبي في هذه اللَّحظة – كما قالَ مولانا – بلا أسوار..

بلا جدران!

إنَّهُ كونٌ يمتدُّ بلا نهاية..

أكبرُ من الأرضِ

وأوسعُ مِن السَّماءِ!

وكأنَّهُ وريثُ السَّماواتِ العُلى

وقَد هبطَ الآنَ مِن عَدن!

وكأنَّه سكنَ على ضِفافِ الكوثَر

يتنفَّسُ سلاماً من الجنَّة.

الخميس: 17 مارس 2022

الساعة 2:55 مساءً

أبو ظبي

ودَّعْتُهم

بالسَّلامِ والأمانِ ودَّعْتُهُم..

وتركتُ ذكرى باقيَّة من بعدِهمْ

ذكرىً لقلبٍ قَد يطيرُ توهُّجاً

إن باغَتَتْه لمحةٌ من ذِكْرِهمْ!

ودَّعْتُهم..

وتركْتُ ذكرىً باقيَّة دوماً لهُمْ

كانَت خيالاً..

أو تكون حقيقةً!

كانَت وكادَتْ..

ثمَّ زالَت شمسُهمْ!

أتراها تظهرُ فوقَنا

من بعدِ أن غَرُبَت هنا؟!

تأتي وتُشرقُ شمسٌ أُخرى بعدَهمْ!

الخميس: 2 يونيو 2022

الساعة 1:32 مساءً

أبو ظبي

في بُعْدٍ آخر

وكأنَّها...

وُلِدْتُ الآنْ

في بُعدٍ آخرَ مِن الزَّمانْ

وكأنَّها..

تجسَّدَت روحها في جَسَدٍ وليد..

وكأنَّني.. أنفاسُها وهي تنامُ

بجانِب أمِّها..

ملفوفةً بغطاءٍ صغير

تلتفُّ فيه مُطمئنَّة

تنامُ مُطمئنَّة؛

فأمامها مُستقبلٌ كبير..

وحولَ سريرِها تجثو الدُّنيا

تنتظرُها؛

لتُلقِي بينَ يديها كُلَّ ما تُريد:

وعيونُ أمِّها تلفُّها بنظرةِ الحنان..

تُرحِّبُ بقدومِها ملائكةُ الجِنان..

تحومُ حولَها بالحِفْظِ والتَّهليل..

وتملأُ سَمْعَها عبارةُ التَّكبير..

وكأنَّها لزمانِها هديَّةُ الرَّحمن!

وكأنَّني ولدتُها من رحمِ الأحزانِ..

وكأنَّها..

وهي أنا..

رجعتُ في الزَّمان؛

فرأيتُها..

فرأيْتُني..

وتغيَّرَتْ أقدارٌ..

وتجسدت أقدارهم الآن باختيار.

الخميس: 3 يونيو 2021

الساعة 3:16 مساءً

أبو ظبي

قصَّةٌ ورسمْتُها

قصةٌ ورسمْتُها..

في خيالي عشْتُها

وحكايةٌ أَلَّفْتُها

لكن لا مَعنى لها

إلّا في عَقلي أنا!

شخصيَّةٌ خَلَقْتُها

في خيالي.. عشقْتُها

لكنّ نبضَ حياتِها..

هو نسجُ أوهامي أنا!

وعَوالِمُ نقشْتُها..

ورسمْتُ شوارعَ مدنِها

ومشيْتُ فيها.. وبجنْبِها..

لكنّ كُلَّ عوالمي

مِن نسجِ أحلامي أنا!

تخيَّلْتُها..

ورسَمْتُها..

قلبٌ مُحبٌّ قلبُها

لكنّ لا قلبَ لها

إلَّا في خيالي أنا!

ورسمْتُ ودّاً منّها..

وعشِقْتُ فيها ودَّها..

لكن لا ودَّ لها؛

لأنَّها.. من فيضِ أوهامِي أنا!

أحاديثُ كانَت بينَنا..

كلَّمْتُها..

حدَّثْتُها..

وأَسَرَّتْ لي أسرارَها..

وفتَحَتْ لقلبي قلبَها..

وعَشِقْتُ فيها سرَّها..

وسمعْتُ نبضَ قلبِها..

لكن لا نبضَ لها؛

لأنَّ نبضَ حياتِها
وهمٌ مِن صُنعي أنا!

الخميس: 16 يونيو 2022
الساعة 7:18 صباحاً
أبو ظبي

هنالِكَ نجمَةٌ

هنالكَ نجمةٌ

في السَّماءْ

تطلُّ عليَّ كُلَّ مساءْ

تومِضُ لمعاً مِن بعيدْ

إشارة لغةٍ صمَّاءْ

تحكي قِصصاً مِن أزمان

عن أرواحٍ عاشوا الآنْ

عن روحٍ قُسِمت اثنينْ

بينهما عهودٌ ولقاء..

هنالِكَ نجمَةٌ

مِن بعيدْ

تحكي حكاياها، وتُريدْ

أن أسـمعَ منها، وأزيدْ
من قصـصي عليها أسماء..
هذي النَّجمةُ في طريقي
تمشي وتُرافِق خُطواتِي
أحسبُها وأدعوها رفيقي..
أم نفسي.. أم كانَت ذاتي!
عن بعُدِ ملايين الأضـواءِ
أفقدُها إن يوماً غابَتْ
وتوارَت عَن نظري الشَّارِدْ
فتعودُ لتؤنِسُنِي مساءً
وترافِقُ قمراً بضياءْ..
وتسرُّ لقلبي أسراراً
عن كونٍ يُخفيهِ فضاءْ.

الخميس: 16 أغسطس 2022

الساعة 8:47 صباحاً

أبو ظبي

أَلَّا تشتاقْ

أَلَّا تشتاقْ؟

للحُبِّ وللأشواقْ

للوعة خاطِرِ العُشَّاقْ..

لِلُقْيَاهُمْ..

لبكاهُمْ

إذا ما حنّتِ الأشواقْ

إلى مَن خطَّ أشعاراً

بنبضةِ قلبِه المشتاقْ

بحبرٍ صاغَ مِن عَدَمٍ

كلاماً حرفُه يشتاقْ

ألا يا صاحِ، خبِّرْهمْ:

بأنَّ دليلَنا مُحتَارْ..

أينساهم، ويطويهمْ

كليلٍ يرقبهُ نهار؟!

أيبقيهم، ويدنيهم؟

تراهُ تحرقُه النَّارْ!

أليسَ الحالُ مألوفاً

كلاماً ملّهُ التَّكرار!

وملّت منهُ روحي

ونفذَت منيَّ الأشعار.

الثلاثاء: 6 سبتمبر 2022

الساعة 11:36 صباحاً

أبو ظبي

على جبينها

على جبينِها مكتوبٌ: "سوفَ أقتُلكْ"!

"ولَسوفَ يكونُ حالُ قلبِكَ حالَ مَن هَلَكْ"!

ومنطقُ قولِها يصيحُ: "متى هُنتُ لكْ؟!"

"أبعدَ أن أسكنتُ قلبي قيدَ مِعْصَمِكْ؟"

"أنتَ قد أنزلْتَ دمعي من قهرٍ مظلمكْ!"

ماذا أصدِّقُ؟ أنتَ قلبي، باللهِ أسألكْ..

خوفي عظيمٌ قدر حُبّي، خوفي تكسركُ

عيني تراها رؤية عينٍ كالطَّيف من مَلَكْ

عقلي يقولُ لنورِ عيني: وهمٌ يسكنُكْ.

وهمٌ.. سرابٌ.. صنعُ فكرٍ.. سِحرٌ مسَّ بكْ

أكانَت سلاماً، أم ظلاماً؟!

سيّان أمرها..

ما دُمْتَ تألَمُ مِن هواها حينَ تتركُكْ..

اترُكْ هواها.. أنتَ قلبي..

أراها تُهلِكُكْ.

الخميس: 8 سبتمبر 2022

الساعة 8:20 صباحاً

أبو ظبي

في زمانٍ مَا

في زمانٍ مَا

تهاتَفْنا، تلاقَيْنا

تحدَّثُنا عن الماضي..

عن الآن، عن الذِّكرى..

تحدَّثُنا عَنِ البُعْدِ

وأسبابِهْ..

تعاتَبْنا.. تراضَيْنَا..

وأَنْهَينا خلافاً كانَ مِن مُدَّةْ..

تَعانقْنَا..

وقُلنا: إنَّنا اشتَقْنا لُلقيانا..

وكانَ حديثُنا عذبا

يفوحُ بروعةِ الأُلفَةْ

كمَا كُنَّا معاً دوماً..

سألتُ: لماذا هاتَفَني؟

وما أجراني في ذِكراه؟

فقالَ مُصحِّحاً: "أنا لمْ

أهاتفْكَ، ولم آتِ..

ولا أهتمُّ للذِّكرى..

ولا أسعى إلى إصلاحْ..

خيالُكَ نادَى في حُلمٍ..

منامُكَ ينتهي بِصباحْ..

جنونٌ منكَ أن تَحلمْ..

ولُطفاً جئتُ؛ كي ترتاحْ".

الثلاثاء: 11 يناير 2023

الساعة 8:24 صباحاً

أبو ظبي

عالَمٌ مُوازٍ

كأنَّ لديهِ إرادةٌ حُرَّةْ

كأنَّه يختارْ!

أجاءَ إليّ، أم كانَ هو المختارْ؟!

مكانٌ فيه أحبابٌ

وأصحابٌ

وأُنسُ الدَّار..

وفيهِ كانَ لُقيانا

يُعانِق جنَّةَ الدُّنيا..

وكانَ مزارْ..

هو كونٌ من الأكوانِ

مسكونٌ بهيبتهِ..

هو سرٌّ مِن الأسرارْ..

هو عالَمٌ ثانٍ
وحقيقةٌ عُظمَى
أدركَها أولو الأبصارْ.

98

الجمعة: 27 يناير 2023
الساعة 7:56 صباحاً
أبو ظبي

النهاية

انتهى زمَنُ المخاوِف..

وانتفَى مَعَه الترُدُّد

فاستفيقِي يا صغيرةْ!

أنتِ تحتَ حمايةِ الكونِ المهيبْ..

استفيقي، إنَّ نورَكِ ساطِعٌ مثل الشّروقْ!

قالَ ذاكَ الشَّيخُ يوماً:

إنَّ كسرَ القلبِ ضوءٌ

لامِعُ الإشراقِ.. نورٌ لا يغيبْ

هي لحظةُ الإدراكِ أنَّ بعدَ الحزنِ حكمةْ..

أنَّ بينَ العُسرِ والآلام رحْمَةْ..

أنَّ حُبَّ النَّاس مُرتَهَنٌ بكلمةْ..

أنَّ مسيرَ حياتِي مُرتَبِطٌ بفكرةْ

قَد رآها قلبي لِمّا انكسرَ ألفَ مرَّةْ!

سلامٌ على ذِكراها؛ كانَت

قَد تراءَت في كَياني ألفَ صورةْ..

آلَمَتْني..

أوجَعَتْني بكُلِّ صورةْ..

سلامٌ عليها حيثُ نامَتْ

مثل طفلٍ مُستكينٍ هادِئ بينَ الغيومْ..

ربَّما يأتي زمانٌ فيهِ تصحو وتَستفِيقْ..

سلامٌ على مَن كانَ عندي

شِقّ روحي، صارَ ضدّي!

أيُّ ذنبٍ أن أكونَ من أكونُ؟

ولستُ وحدي!

سلامٌ على كُلِّ البشرْ..

سِحْرُ الحياةِ هذا الوجودْ

ماذا يضرُّنا ما قد مضى؟

إن انقضى، فلن يعودْ.

الخميس: 9 فبراير 2023

الساعة 4:33 مساءً

أبو ظبي

شيطانُكِ يَسجدُ في حضورِي

شيطانُك يسجدُ في حضوري..

يُصلِّي، ويطلبُ غفرانا..

يحكي عَن ندمٍ يسكنُهُ

ويتوقُ ليُصبحَ إنسانا

واحترتُ: أحقاً دعواهُ؟!

أم حيناً ذاكَ، وأحيانا

يغتالُ القلبَ، فهل يُشفِي

القلبُ الميّتُ أحزانَهْ؟!

الخميس: 16 فبراير 2023

الساعة 9:09 صباحاً

أبو ظبي